Le Roi George V d'Angleterre

par

Sir Thomas BARCLAY

Avec dédicace autorisée
à M. Raymond POINCARÉ, *Président de la République*
et fac-similé d'une de ses dépêches autographes à Sa Majesté
sous forme d'avant-propos.

BLOUD et GAY, Éditeurs
PARIS — BARCELONE

LE ROI GEORGE V

"*Pages actuelles*"
1914-1917

Le Roi George V d'Angleterre

par

Sir Thomas BARCLAY

Avec dédicace autorisée
à M. Raymond POINCARÉ, *Président de la République*
et fac-simile d'une de ses dépêches autographes à Sa Majesté
sous forme d'avant-propos.

BLOUD et GAY
Éditeurs
PARIS, 7, place Saint-Sulpice
Calle del Bruch, 35, BARCELONE
1917

Nº 728 bis.
Avril 1916. — Coq 351.

PRÉSIDENCE
DE LA
RÉPUBLIQUE FRANÇAISE.

SERVICE TÉLÉGRAPHIQUE.

Nº

Expédiée le

à   h.   minutes du

RÉPUBLIQUE FRANÇAISE.

DÉPÊCHE TÉLÉGRAPHIQUE.

Paris, le 20 août 191   h.   m. du

Sa Majesté le Roi George V
Roi de grande Bretagne et d'Irlande
Empereur des Indes
Londres

Je remercie votre Majesté de ses aimables vœux. J'ai gardé, moi aussi, le meilleur souvenir de notre dernière rencontre. Je me félicite vivement de l'intime accord qui existe entre nos deux pays ainsi qu'entre leurs vaillantes armées. Cette mutuelle confiance et cette étroite coopération sont les gages certains de victoire. Je prie votre Majesté de croire à ma fidèle amitié.

Raymond Poincaré

RÉPUBLIQUE FRANÇAISE

DÉPÊCHE TÉLÉGRAPHIQUE

Paris, le 20 août 1916.

À SA MAJESTÉ LE ROI GEORGE V,

ROI DE GRANDE-BRETAGNE ET D'IRLANDE,

EMPEREUR DES INDES,

LONDRES.

Je remercie Votre Majesté de ses aimables vœux. J'ai gardé, moi aussi, le meilleur souvenir de notre dernière rencontre. Je me félicite vivement de l'intime accord qui existe entre nos deux pays ainsi qu'entre leurs vaillantes armées. Cette mutuelle confiance et cette étroite coopération sont des gages certains de victoire. Je prie Votre Majesté de croire à ma fidèle amitié.

RAYMOND POINCARÉ.

DÉDICACE

A M. Raymond POINCARÉ,
Président de la République française.

Je me permets de vous dédier les pages suivantes que vous m'avez fait l'honneur de lire.

Vous connaissez notre Roi personnellement. Vous avez pu apprécier les hautes qualités du Souverain ainsi que celles de l'Homme. Et vous m'avez autorisé à dire la très haute estime en laquelle vous tenez Sa Majesté.

Un Roi constitutionnel n'a que peu de chances d'être apprécié hors de son pays. Vous m'avez permis de m'appuyer sur vous dans ce modeste effort que j'essaye pour faire connaître en France un Roi qui a su se maintenir dans l'affection de son peuple au milieu de crises dont les pareilles ne se sont pas produites depuis des siècles. Je vous en remercie et je saisis cette occasion pour vous dire, Monsieur le Président, combien j'ai été touché personnellement de l'affection que vous m'avez exprimée pour mon pays, de l'admiration que vous ressentez pour son effort immense et effectif et du ferme espoir que vous m'avez confié que, dans la paix, nos deux pays resteront comme dans la guerre des alliés solidement unis pour assurer, avec notre propre indépendance, la liberté pour les petits comme pour les grands et la justice pour tous.

Permettez-moi, enfin, de vous remercier personnellement de m'avoir communiqué des copies autographiées de dépêches à Sa Majesté que vous lui avez envoyées aux occasions où il a dû lui être agréable d'avoir l'assurance de votre amitié et de celle de la nation dont vous êtes le représentant. Mes lecteurs seront heureux de voir une de ces dépêches écrite de votre propre main.

T. B.

LE ROI GEORGE V

I

Introduction.

Le fils ne ressemble que rarement au père, mais c'est rarement que le fils est autant le contraire de son père que l'est le roi actuel de l'Angleterre. Néanmoins nul ne peut dire que les qualités de l'un soient inférieures à celles de l'autre. Elles sont différentes. Tous les deux, hommes d'État, nous apparaissent pénétrés du sens de leur haute responsabilité, des traditions d'impériale majesté dont le roi d'Angleterre est le gardien. L'un a vu dans l'Europe qui l'entoure ce qui était le plus essentiel à son royaume, l'autre voit dans les colonies et dépendances de son royaume aux quatre quartiers du globe ce qui est le plus essentiel à son Empire. Les intérêts moraux et politiques du roi Édouard se sont concentrés dans les luttes qui agitaient et agitent toujours notre petit coin du monde où se trou-

vent tassés les vieux peuples, les mères patries des nouveaux peuples de l'Amérique, de l'Afrique et de l'Australie, des conquérants de l'Asie. Au milieu de ces vieux peuples de l'Europe, Édouard VII était comme nul autre chez lui. Ne se bornant pas à connaître leurs souverains, il voulut, pour approfondir les questions internationales qui le passionnaient, connaître aussi personnellement les hommes d'État qui s'en occupaient. Dans ses voyages à Paris, à Berlin, à Vienne, à Rome et ailleurs, il se faisait présenter les hommes les plus marquants de la politique. On se rappelle encore à Paris son contact personnel avec des hommes d'État français, l'intérêt qu'il porta à Gambetta à une époque où il croyait que l'Entente entre la France et l'Angleterre pourrait se réaliser par l'intermédiaire de ce grand homme, le soin avec lequel il cultivait l'amitié de M. Loubet, quand il voyait le mouvement populaire en faveur de cette Entente tant voulue prendre des dimensions qui permettaient de croire à son succès, le plaisir qu'il prenait à s'entretenir avec M. Clemenceau, cet esprit frondeur, parisien et plein de surprises. Il avait vécu la vie de l'Europe dans toute son intensité depuis sa jeunesse. Né en 1841, il avait déjà l'âge auquel les héritiers des trônes commencent à s'occuper des affaires publiques, au moment où Cobden avait pu réaliser un des plus grands souhaits de sa vie, le traité de commerce avec la France, œuvre dans laquelle il voyait le commencement d'une entente entre les deux voisins, appelés, à son défaut, à s'affaiblir par des vexations et des jalousies réciproques.

Le roi Édouard vit grandir au milieu de l'Europe la nouvelle puissance centrale qui surgissait après la guerre de 1870 ; il restait en contact personnel et avec toute la diplomatie et toute la politique associées pour l'essor de la nouvelle République, et avec celles du nouvel Empire qui se développait avec une vitesse vertigineuse à ses côtés. Ce fut assez pour occuper un prince héritier. Quand il monta sur le trône, son éducation était faite, les limites de ses intérêts avaient été fixées par une longue pratique personnelle. Il était vraiment roi d'Angleterre, et il portait haut le plus beau, le plus glorieux des titres qu'un homme puisse porter.

Tout autre a été l'éducation du roi George *V*, et c'est cette différence et les suites de cette différence qui forment la matière des chapitres suivants.

II

Education.

La mort prématurée d'Édouard VII a privé son auguste successeur de cette période d'initiation dont il avait profité lui-même si amplement. Tandis que le roi Édouard est arrivé au trône avec un actif d'expérience des hommes et des choses presque sans précédent dans les annales des souverains, le roi George n'avait fait que commencer à s'occuper des affaires publiques un peu avant d'arriver au pouvoir. L'héritier du trône ne peut guère se donner lui-même de l'expérience. C'est le souverain qui, seul, ou à peu près, peut lui en fournir.

La reine Victoria n'avait jamais écarté les services de son fils et, avec la faiblesse croissante de son âge, ces services étaient devenus à la fin presque ceux d'un régent. Jalouse de ses prérogatives jusqu'à son dernier souffle, la vieille reine, il est vrai, recevait le premier ministre elle-même et confirmait les résolutions du cabinet en personne. Mais ses infirmités physiques ne lui avaient plus permis pendant de longues années de remplir les corvées journalières qui forment la principale partie de la besogne des personnages royaux et surtout du souverain lui-même. Devenu roi, Édouard VII était déjà entraîné à cette partie de son rôle et ce n'était, en vérité et en général, que son titre qui avait été changé. Il avait, en effet, été tellement habitué aux corvées journalières de son état qu'il ne pouvait pas se figurer sa vie autrement employée; il ne sentait aucun besoin de se décharger même d'une partie du fardeau, sur les épaules du nouveau prince de Galles.

Le décès de sa mère, par conséquent, n'ajouta que peu à ses charges.

Le roi Édouard était un travailleur incessant et presque méticuleux. Il voulait s'occuper de toutes les questions et remplir tous ses devoirs sociaux et officiels personnellement. Il y mettait probablement d'autant plus d'énergie, dans son obstination active et impatiente, qu'il avait été averti par une maladie et une opération qu'il fallait se ménager.

Ce n'est, en effet, que quelques mois avant sa mort que des défaillances physiques l'ont forcé d'écouter les conseils de son médecin et qu'il a permis à son fils de partager les charges de ses fonctions royales. Dans ces derniers temps, le prince de Galles était très souvent présent aux audiences de son père. On le voyait, aussi, plus souvent en public et aux discussions parlementaires, — surtout aux discussions sur la question constitutionnelle auxquelles il ne manquait pas un jour. On savait, dans les milieux bien renseignés que la santé du roi était très ébranlée et on voyait avec une grande et sympathique anxiété la préoccupation de ce père malade désireux que son fils se mêlât aux affaires sans plus tarder. Malheureusement il mourut avant que ce fils ait eu le temps de se faire connaître à ses compatriotes. C'est une qualité admirable du peuple anglais de ne pas se laisser influencer par de vagues critiques; on préféra laisser se développer la réputation du roi et le juger sur ses propres faits et gestes.

Le nouveau prince de Galles, en somme, n'avait que peu de chances de s'initier au travail et aux responsabilités dont il allait être subitement chargé par le décès prématuré de son auguste père. Timide et circonspect, succédant à un roi universellement regretté et dont la personnalité s'était fait sentir dans la politique mondiale par des visées diplomatiques qui lui valurent le noble qualificatif historique de « pacifique », il est bien compréhensible que le nouveau souverain soit apparu au public, qui n'a de base pour

former ses jugements que l'aspect extérieur,
comme presque un « anticlimax ». La politique
pacifique d'Édouard VII paraissait n'avoir plus
de représentant en Europe.

III

Caractère du régime actuel.

Le peuple commence maintenant à se rendre peu à peu compte du caractère, des qualités et des goûts intellectuels du roi et de la reine. On a commencé d'abord à s'apercevoir que c'était plutôt le régime de la reine Victoria que l'exemple du roi défunt qui servirait de modèle aux nouveaux souverains. On ne peut pas parler d'une réaction, car Édouard VII n'avait, en quoi que ce soit, rien relâché des exigences officielles et des formalités rigoureuses de la cour. Au contraire, il était très à cheval sur les questions de dignité et de cérémonies royales. Sa vie privée lui appartenait et ses sujets respectaient le voile dont il l'enveloppait. C'est là justement une des différences qui existent entre le nouveau roi et son auguste prédécesseur et c'est ce qui m'amène à dire que c'est plutôt la reine Victoria qui revit maintenant à Buckingham Palace. Comme la grande reine qui a présidé si longtemps aux destinées de son peuple, le ménage royal actuel est apprécié pour l'exemple

d'une vie de famille irréprochable, d'un attachement intransigeant à des situations régulières de
toute sorte, politiques aussi bien que sociales,
d'un constitutionnalisme des plus corrects. Le roi
Édouard VII, il faut le dire pour être bien compris, dépassa de temps en temps la limite de ce
que les Anglais de vieille souche considèrent
comme le périmètre des droits constitutionnels du
souverain. Son habitude, par exemple, de se dis-
penser, dans ses visites même officielles à l'étranger, des services de son ministre des affaires
étrangères donna lieu à des critiques surtout de
la part des vieux conservateurs, descendants politiques des hobereaux qui ont fait la révolution
du xviie siècle. Le roi actuel n'a pas suivi cet
exemple et quand il est venu à Paris, il fut accom-
pagné par sir Edward Grey, en sa qualité officielle. D'ailleurs, le roi actuel est autant un homme
d'études que son père était un homme d'action.
En étudiant surtout l'histoire de son pays, il a
compris les dangers qu'il y a à diminuer en quoi
que ce soit par une action personnelle la responsabilité de ses ministres.

Tout cela est en réalité plus conforme aux traditions néo-anglaises (essentiellement bourgeoises)
de régularité « respectables » que le court et brillant règne d'Édouard VII, car il ne faut pas juger
l'Angleterre d'après la société élégante et joyeuse

de Londres, mais d'après la société bourgeoise de province, surtout des provinces du Nord de l'Angleterre, de l'Écosse et, dans une mesure un peu moins prononcée, des Midlands. Il y a là des populations industrielles, laborieuses dont les distractions sont des discussions sur la réforme sociale, le développement de l'instruction publique, la résistance à l'abus de la boisson, la restriction du nombre des brasseries, l'hygiène publique, le contrôle des sources de la misère, de la maladie et du crime. A Londres, ces problèmes ne passionnent que peu un public général que nos provinciaux traitent d'arriéré. Ils ne viennent à Londres que pour aller au théâtre (pas même aux music-halls qui sont en vérité inférieurs à ceux de nos grandes villes de province) et aux beaux restaurants, pour voir la vie intense, la belle tenue de cette immense ville dont la voirie est une des merveilles du monde, l'élégance des gens riches, les « maisons » du parlement, les palais royaux, etc., etc.

Or, le roi George et la reine Marie sont le roi et la reine qu'approuve la grande bourgeoisie qui constitue la majorité dirigeante de la Grande-Bretagne, cette bourgeoisie industrielle qui fait sa force, qui, à trois reprises successives, renvoya à Westminster des majorités libérales chargées de châtier l'orgueil des lords et de faciliter pour l'avenir la réforme progressive sociale, objet des préoccupations de sa vie civique et locale. J'ai dit que la reine Victoria représentait, elle aussi, l'esprit bourgeois anglais, mais les idées ont fait du chemin depuis elle. Le piétisme qui caractérisa dans une grande mesure l'intellectualité de la province anglaise s'est transformé. Les formes restent. Toujours, le dimanche reste consacré à la religion. Le Sunday-school (école du dimanche) reste une distraction pour des jeunes bien pensants. La Bible reste le livre des dévots. Mais combien l'esprit est changé! Le pasteur ne fait plus que rarement des sermons de piété ou de morale abstraite. On lui demande aujourd'hui des sermons de morale pratique où les questions du jour sont examinées. Il faut qu'il puisse parler du mouvement intellectuel, de ces questions publiques qui passionnent les réformateurs et plus il est *up-to-date*, plus on l'estime. Le Nord de l'Angleterre est essentiellement non-conformiste. Là, les fidèles choisissent leur propre pasteur, le payent eux-mêmes et on attend de lui qu'il puisse leur donner, le dimanche, pour la vie privée une orientation morale et intellectuelle que leur vie active et absorbée par le travail industriel ne leur laisse pas le temps d'obtenir par leur propre lecture. Ces populations bourgeoises ont connu à peine le roi Édouard et ne se sont pas intéressées à lui comme on s'intéresse à une famille royale, comme on s'intéressait à la reine Victoria. On commence à connaître et à s'intéresser de nouveau au ménage royal. Les liens entre les nouveaux souverains et la majorité de leurs sujets sont redevenus nombreux. Leurs Majestés font, en vérité, partie du peuple sur lequel elles règnent, dont elles partagent les préoccupations et dont elles possèdent elles-mêmes les qualités sur lesquelles repose la stabilité de la nation britannique.

Donc, au point de vue de la vie intérieure du pays, la popularité du ménage royal rappelle plutôt celle de la vieille reine Victoria que celle du roi Édouard, une popularité assise, indiscutée, dans ce sens que le roi est, pour ainsi dire, la propriété de chacun de ses sujets; le sens même dans lequel on parlait de la vieille reine comme si elle était le chef de la famille de tous. On exigeait pour elle le rapport dû à sa propre mère et quand on la caricaturait à l'étranger, on se rappelle l'indignation universelle des Anglais. C'est ce genre de popularité que le roi George et la reine obtiennent dans leur Royaume européen.

Aussi, le roi actuel a des qualités, peu visibles à l'extérieur, qui sont utiles à son pays. Il est marin et ses connaissances techniques lui permettent d'encourager par un intérêt intelligent ceux qui sont chargés en ce moment de la partie de l'effort anglais qui, pour l'Angleterre elle-même, est la partie la plus essentielle. De plus, par ses voyages aux colonies britanniques, George V s'est distingué aux yeux des coloniaux en personnifiant l'Empire comme nul souverain avant lui. Il connaît, d'ailleurs, les idées des hommes d'État coloniaux. Pour les problèmes de la « plus grande » Angleterre, il joue modestement un rôle presque aussi important que celui que son père jouait pour les problèmes de la politique internationale. C'est même en grande partie grâce à lui que les colonies britanniques ont pu sentir que leur vraie position dans l'Empire avait été enfin comprise par la mère patrie.

On sait gré, en Angleterre, au roi de son activité modeste, de son souci de donner le bon exemple à son peuple, de sa vie correcte et active nonobstant une santé plutôt délicate et, s'il n'est pas un brillant souverain comme Édouard VII, il conserve les traditions de cette honnêteté bourgeoise qui est un élément essentiel du caractère anglais, élément qui donne, sans prétention et sans excentricité, au peuple anglais sa force dans la lutte journalière contre les autres nations commerciales et industrielles du monde.

IV

Difficultés.

Jamais, toutefois, même avec tout ce qu'il y a
de propice pour son avenir, souverain n'a commencé son règne avec des difficultés plus grandes
à résoudre que George V. Il n'y avait pas seulement la question constitutionnelle, question la
plus sérieuse qui ait occupé le pays depuis trois
siècles, et qui, il n'y a pas longtemps, aurait pu
précipiter l'Angleterre dans une guerre civile. Il
y avait aussi une question qui devenait de plus
en plus insoluble, celle de l'Irlande.

Il s'agissait dans la question constitutionnelle
de supprimer les pouvoirs de la Chambre des
pairs, de l'amener à consentir à sa propre ampu-
tation. On sait comment, après trois élections, le
peuple anglais s'est prononcé avec une telle per-
sistance qu'à la fin la Chambre des pairs a con-
senti à accepter, en cas de conflit, la suprématie
législative de la Chambre élue, avec des précau-
tions toutefois qui continuent d'empêcher cette

dernière de se lancer dans des entreprises législatives irréfléchies.

La question de l'Irlande, de la consécration pour ce pays de son indépendance législative était encore plus grave. Les Anglais, comme tels, n'ont jamais eu l'esprit souple. La souplesse fait plutôt partie du caractère de l'Écossais, de l'Irlandais et du Gallois. Réfléchir, déterminer son action, imposer inflexiblement sa volonté, est la manière anglaise qui a amené le succès de sa politique, dans ses conquêtes exotiques, et l'insuccès de sa domination en Irlande comme en Amérique. Or, rien ne dure dans la mémoire publique comme le sens de l'injustice.

Depuis cinquante ans, l'Angleterre essaye de racheter les injustices antérieures commises dans ses relations avec l'Irlande qui, néanmoins, est représentée au parlement britannique dans une proportion qui excède celle de sa population. Des lois spéciales à l'Irlande ont accordé au paysan irlandais des droits d'acquisition territoriale et des conditions de prêt pour lui faciliter cette acquisition. Des industries ont été créées pour augmenter ses moyens de richesse. Il reste aussi mécontent que jamais, demande toujours le « home rule » comme panacée à des maux intangibles de l'esprit, à des maux traditionnels qui dépassent les pouvoirs de toute législation.

Le parlement britannique a fini par accorder le « home rule », et immédiatement a surgi la contre-partie. Irlande protestante, Irlande du Nord, Ulster, refuse de se laisser séparer du Royaume-Uni. Les péripéties de cette lutte, son développement récent, la répression sanglante de certains patriotes et intellectuels dévoyés sont des faits encore trop présents à la mémoire du lecteur pour m'y arrêter. Le roi, au milieu de menaces qui n'étaient rien moins que des menaces de guerre civile, a su discrètement mener sa barque sans perdre l'estime de ses sujets loyaux ni s'exposer à la défection de ses sujets irlandais qui ne demandent que la séparation législative.

Quant aux affaires étrangères, George V, plus anglais, pour ainsi dire, que ce « citoyen du monde » qui fut son père, a pu envisager les intérêts britanniques uniquement au point de vue de leur matérialité. Ce souverain qui se tient en dehors de toutes questions personnelles, qui n'a d'intimes que sa femme, bien qu'amical pour tout le monde, qui jouit d'une bonne humeur uniforme et réservée, silencieux, observateur, calme, ne se fait pas d'ennemis et, sans intimes, n'a que des amis. La reine, femme d'une valeur intellectuelle exceptionnelle, avec des goûts aussi prononcés pour tout ce qui est français que ceux de son illustre beau-père, est aussi circonspecte et réservée que le roi.

George V, enfin, est plutôt que son père le souverain qui convient à la constitution anglaise. « Le roi règne mais ne gouverne pas » en est la maxime. Elle exprime le rôle plus ou moins négatif du souverain anglais. De vieux conservateurs appartenant aux grandes familles gouvernantes, descendants des hobereaux, Cromwell, Pym, Hampden et autres, ne voyaient pas d'un œil tout à fait favorable la part active que prenait le roi Édouard au gouvernement, et on dit que lord Salisbury et lord Lansdowne, deux grands seigneurs qui ont continué la tradition des libertés anglaises et les considèrent comme un héritage qu'il faut transmettre intact aux générations à venir, ne se sentaient pas à l'aise auprès d'un roi qui descendait dans l'arène et voulait combattre à leurs côtés.

Le roi George n'a aucune velléité gouvernante; d'un autre côté le fond de l'opinion publique anglaise est resté toujours « respectable ». On connaît en France le sens du mot « respectability ». C'est par ce terme que l'Anglais exprime la dignité bourgeoise, la vie domestique honorable, des dépenses ne dépassant pas les revenus, etc. On demande l'exemple de ces vertus « respectables » à la cour et dans la haute société comme une espèce de remboursement ou *quid pro quo* pour le prestige qu'on leur laisse ou qu'on leur accorde.

Sur ces deux points l'Angleterre, l'Écosse et le Pays de Galles ont satisfaction et le règne actuel n'est exposé à aucun reproche. Au contraire, on sait gré à des souverains qui se conforment si bien aux traditions de la vie publique et privée d'un peuple sur lequel ils règnent et qu'ils s'abstiennent d'essayer de gouverner.

V

Questions coloniales.

Avec un flair politique qui lui était particulier, Édouard VII encouragea chez son fils l'étude favorite de celui-ci, celle des affaires coloniales. Et sur les questions coloniales il n'y a probablement personne qui puisse rivaliser avec lui comme expérience personnelle. Marin dès l'âge de 14 ans (1870), il a fait, à bord d'un croiseur, des voyages aux Antilles, dans l'Amérique du Sud, l'Afrique australe, l'Australie, à Ceylan et en Égypte. Dix ans plus tard, il a commandé lui-même un navire dans l'Atlantique et aux Antilles. En 1901, il ouvrit le premier parlement de l'Australie fédérée. A cette occasion, il a visité toute l'Australie, la Nouvelle-Zélande, de nouveau l'Afrique du Sud et le Canada. Il entreprit également il y a dix ans, le voyage des Indes qu'il traversa en entier.

Pour savoir quelles sont les idées et les préoccupations que le Roi a tirées de quelques-uns de ces voyages aux colonies et aux domaines de son Empire, on n'a qu'à lire quelques-uns de ses discours. Au mois de décembre 1901, au banquet du Guildhall, où l'on saluait son retour de son voyage en Australie :

« Au profit, dit-il, des distingués représentants des intérêts commerciaux de l'Empire, que j'ai le plaisir de voir assemblés aujourd'hui, il est une impression à laquelle je me risque de faire allusion, car elle semble prévaloir très généralement parmi leurs frères d'outre-mer, c'est que la vieille mère patrie doit se secouer (wake up) si elle entend maintenir contre ses concurrents étrangers l'antique apanage de sa prééminence commerciale aux colonies. »

Son « wake up » est devenu une parole proverbiale. Il a, cependant, fallu une guerre européenne pour apprécier toute sa portée et combien cette portée était générale.

Ailleurs, parlant du développement des colonies autonomes qui sont autant ses domaines que la mère patrie, il dit encore : « Quiconque aurait eu l'avantage de ressentir les sensations que nous avons éprouvées pendant notre voyage ne pourrait qu'être frappé par la criante nécessité qui se fait partout sentir, le manque de population. Il en est des signes abondants même dans nos plus vieilles colonies. Là se trouvent des étendues de pays illimitées et encore inexplorées, des richesses minérales cachées, et qui appellent l'exploitation ;

des régions immenses de sol vierge prêt à rendre de fertiles récoltes aux colons. L'on peut jouir de tout cela dans des conditions de vie saine, sous un régime de lois libérales, d'institutions libres, au lieu de rester dans des villes surpeuplées, agitées d'une lutte pour la vie presque sans espoir, trop souvent, hélas ! le partage des habitants de la vieille mère patrie. Nos frères des colonies n'y mettent qu'une restriction, une seule : « Envoyez-nous, disent-ils, des émigrants utilisables. » Je vais plus loin et je fais appel à mes compatriotes pour leur demander de prouver l'attachement de la mère patrie pour ses enfants en leur envoyant seulement ce qu'elle a de mieux. Ainsi nous fortifierons encore ou tout au moins nous transmettrons intacts cette fierté de race, cette homogénéité de but et de sentiment, ce sens de commune loyauté et de commune obligation qui resserrent et seuls peuvent maintenir l'unité de l'empire. »

Sa visite aux Indes a convaincu Sa Majesté de la nécessité de cultiver la loyauté des populations par de fréquentes visites royales.

Après son retour de son long voyage en 1906, qui lui permit un contact personnel avec les régions et les races si diverses de la grande péninsule, il a dit encore :

« J'ai été frappé par ces immenses étendues, ces splendeurs, la multiplicité des races, ces cli-

mats variés, ces pics couverts de neige, ces dé-
serts sans fin, ces fleuves majestueux, ces monu-
ments, cette architecture et ces anciennes traditions. J'ai pu comprendre la patience, la simpli-
cité de vie, le dévouement loyal et l'esprit reli-
gieux qui caractérisent les divers peuples indiens.
Aussi je reste convaincu, après tout ce que j'ai vu
et entendu, que la tâche du Gouvernement anglais dans l'Inde sera facilitée encore, si de notre
côté nous y infusons un élément de plus complète
sympathie, et je m'avancerai jusqu'à dire qu'une
semblable sympathie trouvera un écho réel et
toujours grandissant chez les Indiens. Je conseil-
lerais fortement à ceux qui s'intéressent à la
grande question dont l'Inde est aujourd'hui le
pivot, qu'ils aillent s'y instruire le plus possible
par des observations personnelles et locales. J'ai
la conviction que tout Anglais qui touche le sol
de l'Inde travaille à une entente plus grande du
pays avec la mère patrie et aide à détruire les
préjugés, à dissiper les malentendus et à engen-
drer la sympathie et la fraternité. »

On voit que le roi a exprimé des idées qui le
distinguent de ses prédécesseurs; des idées,
d'ailleurs, qui se rattachent au développement du
nouvel impérialisme anglais, fondé sur ce sentiment que l'Empire est un ensemble indivisible,
ayant un intérêt commun à voir les liens entre

ses diverses parties se resserrer et se fortifier de plus en plus. C'est le mérite de Chamberlain d'avoir donné le premier grand élan à ce sentiment dans l'opinion publique du Royaume-Uni. C'est lui qui, comme ministre des colonies, a établi le système des congrès périodiques des premiers ministres coloniaux. On a pu, ainsi, se rendre compte peu à peu des sentiments dominant les hommes choisis librement par les colonies pour diriger leurs destinées. Ces sentiments n'ont pas confirmé, c'est vrai, toutes les prévisions d'origine, mais on a pu voir se dessiner d'autres résultats non moins utiles. On a pu surtout constater que l'intérêt que prennent toutes les colonies à ces réunions des premiers ministres coloniaux à Londres prouve assez que les colonies ne se désintéressent nullement des affaires impériales, et, notamment, de la question de la défense de l'Empire, comme nous l'avons vu, d'ailleurs, en pratique dans la guerre actuelle. Le roi l'a compris lors de son grand voyage de 1901. Son historiographe, Sir D. Mackensie Wallace, a bien signalé ce fait, en paroles graves et pesées, dans sa description officielle du voyage.

Ce patriotisme, dit-il, est un mélange d'affectueuse tendresse envers l'ancienne mère patrie, de légitime fierté dans l'histoire glorieuse de leurs ancêtres anglais, de loyauté et de dévouement à la dynastie royale qu'ont symbolisée à des degrés différents, Victoria et Édouard VII; enfin du sentiment d'impérialisme né de la persuasion qu'à rester seules, ou plutôt à vouloir se dégager de l'égide de la métropole, les colonies s'exposeraient à la convoitise de puissances dont les populations débordent... C'est constater encore une fois que c'est l'union qui fait la force.

S'adressant plus particulièrement à la question de la fédération, l'historiographe a fait, toutefois, remarquer qu'elle ne semblait pas du goût de ces jeunes corps que sont les grandes colonies autonomes, lesquelles entendent travailler à leur complet développement par les méthodes nouvelles de leur choix et qu'une Fédération avec une vieille civilisation ayant des méthodes traditionnelles et surannées ne pourrait qu'entraver.

Ce que la guerre actuelle amènera dans les relations entre les colonies autonomes et la mère patrie est un des problèmes réservés pour l'après-guerre. Il est certain que ces colonies qui ont contribué pour presque un million d'hommes aux forces de la mère patrie, n'ont aucune intention de se désintéresser de la politique européenne de l'Angleterre. Le roi, aimé des coloniaux, parmi lesquels il se trouve à son aise et dont il comprend la mentalité et les ambitions, pourra jouer un rôle dans les moments critiques qui vont venir, un rôle si important que l'Angleterre pourra se féliciter d'avoir un souverain au courant des questions impériales qui vont s'agiter pendant de longues années.

VI

Pourquoi le roi est nécessaire.

Comme le règne d'Édouard VII était une ère d'ententes internationales, celui du roi actuel sera probablement une ère d'ententes plus intimes, intercoloniales. Je dis ententes, car l'entente laisse la liberté de chacun intacte. Elle n'impose à l'avenir que son esprit transactionnel. C'est ce genre d'ententes qui se produit déjà entre la mère patrie et les colonies et entre les colonies elles-mêmes. Le roi a vu que parmi les tendances actuelles vers une autonomie de plus en plus complète, il n'y a qu'un lien commun, un facteur constant : l'institution du Roi lui-même. Ce roi commun, cette reine commune, cette famille royale commune sont le roi, la reine et la famille royale non seulement des habitants du Royaume-Uni, mais de chaque colonie elle-même, de chaque dépendance du vaste empire, ayant un devoir égal vis-à-vis d'eux tous. Quand le roi parle, c'est non seulement au nom de ses sujets européens ; c'est au nom des millions d'hommes qui ont porté la nationalité britannique, l'esprit et la langue anglaise, la civilisation de nos vieilles îles aux extrémités du globe. On voit bien ce sentiment dans les discours que j'ai cités plus haut. On peut être sûr que ce que le roi a senti comme prince, il le sent encore comme roi.

On comprend peut-être maintenant pourquoi il n'y a pas de républicains en Angleterre, pourquoi l'attachement à la couronne au lieu de diminuer se généralise de plus en plus, même dans les colonies australiennes où les partis prolétaires gouvernent. C'est que le roi est la pierre d'assise, la clef de voûte d'un empire qui, sans lui, serait exposé aux forces antagonistes, toujours en éveil pour produire une désagrégation naturelle à toutes les institutions humaines.

TABLE DES MATIÈRES

Paris. — Imp. PAUL DUPONT (Cl.). 42.2.17.

BLOUD et GAY, Éditeurs PARIS
7, Place Saint-Sulpice, = = VIᵉ = =

Dans les Flandres, par Bertrand de Laflotte. Préface de M. le Bâtonnier Henri Robert.

    Un volume in-16, broché **3 50**

L'Espagne et la Guerre, par X... *rédacteur au Correspondant.*

    Un volume in-16, broché **3 50**

Fastes militaires des Belges, par Maurice des Ombiaux. Préface de M. Henri Carton de Wiart, *Ministre de la Justice.*

    Un volume in-16, broché **3 50**

La Cloche « Roland ». Les Allemands et la Belgique, par Johannes Joergensen... ... ... **3 50**

Les Barbares à la Trouée des Vosges. *Récits des témoins,* par Louis Colin. Préface de Maurice Barrès.

    Un volume in-16, broché, illustré **3 50**

Le Drame de Senlis, par le baron A. de Maricourt.

    Un volume in-16, broché, illustré **3 50**

La Résistance de la Belgique envahie, par Maurice des Ombiaux. Lettre-Préface de M. de Broqueville, Président du Conseil.

    Un volume in-16, broché **3 50**

Blessé, Captif, Délivré. *Mémoires de guerre,* par le vicomte Hubert de Larmandie. Préface du général Malleterre.

    Un volume in-16, broché, illustré **3 50**

Souvenirs d'un Otage, par Georges Desson. Préface de Serge Basset.

    Un volume in-16, broché, illustré **2 50**

Journal d'une Infirmière d'Arras, par Mᵐᵉ Emmanuel Colombel. Préface de Mgr Lobbedey, évêque d'Arras.

    Un volume in-16, broché, illustré **2 50**

Reliques sacrées. *Lettres ouvertes sur des tombes,* par Louis Colin.

    Un volume in-8, broché, illustré ... ... **3 »**

Les Chants du Coq Gaulois. Paroles et musique par Henri Colas.

    Un volume in-8, broché ... ... **4 »**

Dans l'espoir de la revanche. Pages patriotiques de François Coppée. Préface de Jean Monval.

    Un volume in-16, broché **3 50**